Was ist Lernen an Stationen?

Beim Lernen an Stationen handelt es sich um eine Form selbstständigen Arbeitens, bei der
☐ unterschiedliche Lernvoraussetzungen,
☐ unterschiedliche Zugänge und Betrachtungsweisen,
☐ unterschiedliches Lern- und Arbeitstempo
☐ und häufig fächerübergreifendes Arbeiten
berücksichtigt werden.

Grundidee

Den Kindern werden Arbeitsstationen zur individuellen Bearbeitung angeboten, an denen sie selbstständig, in beliebiger Abfolge und meist auch in frei gewählter Sozialform entsprechend ihren Möglichkeiten und Fähigkeiten arbeiten. Damit soll ihnen optimales Lernen und Üben ermöglicht werden.

Herkunft und Entwicklung

Die Idee des Lernens an Stationen, auch Lernzirkel genannt, kommt ursprünglich aus dem Sportbereich. Das „circuit training", von Morgan und Adamson 1952 in England entwickelt, stellt den Sportlern unterschiedliche Übungsstationen zur Verfügung, die sie der Reihe nach oder in freier Auswahl durchlaufen.
Eine Übertragung dieser Lernform auf Unterrichtsinhalte in verschiedenen Fächern wurde zunächst an der Schallenbergschule in Aidlingen/Baden-Württemberg, später am Seminar für schulpraktische Ausbildung in Sindelfingen und seit etwa 1980 an vielen Schulen aufgegriffen und stetig weiterentwickelt.
Der Herausgeber und die Autoren stellen die Ergebnisse ihrer eigenen praktischen Arbeit und Erfahrung in dieser Reihe vor und bieten ihre Materialien als Grundlage für den direkten Einsatz oder als Grundlage für eine Anpassung an eigene Bedürfnisse an.

Zielrichtungen

Das Lernen an Stationen kann unterschiedliche Ziele verfolgen:
☐ durch ein breites Angebot optimales Üben ermöglichen, das die verschiedenen Lerneingangskanäle, allgemeine Übungsgesetze, unterschiedliche Aufgabenarten, Schwierigkeiten und Hilfestellungen berücksichtigt,
☐ vertiefendes Bearbeiten eines Inhalts beziehungsweise eines Themengebietes, indem Kinder nach zuvor gestalteter Übersicht oder Einführung die Inhalte auf ihre Art, mit ihren Möglichkeiten und in ihrem individuellen Tempo auf unterschiedlichen Ebenen selbstständig bearbeiten,
☐ selbstständig Themengebiete erarbeiten, indem die Kinder durch angemessene Arbeitsangebote Sachverhalte hinterfragen, erforschen, erfahren, gestalten usw.,
☐ Angebote aus Schulbüchern oder Medien unter ganzheitlicher Betrachtungsweise aufarbeiten, indem die Kinder Aufgabenstellungen zu Teilgebieten mit unterschiedlicher Betrachtungsweise und auf unterschiedlichen Ebenen fächerübergreifend bearbeiten.

Organisation

Die einzelnen Arbeitsaufträge geben den Kindern klare oder offene Aufgabenstellungen mit eindeutigen Anweisungen. Die Angebote werden im Klassenzimmer zur Verfügung gestellt, indem der Arbeitsauftrag durch Aushängen oder Auslegen bereitgestellt wird. Dazu bietet sich zum Schutz das Verpacken in Prospekthüllen an.
Als Ort zum Aushängen eignen sich alle Wand- und zum Teil auch die Fensterflächen. Pinn-Nadeln oder Nägel (Nagelleisten) erleichtern das Aufhängen und Abnehmen. Beim Auslegen der Arbeitsangebote bzw. -aufträge helfen Ablagekörbe, Ordnung zu halten.
Das Bereitstellen außerhalb der Schülerarbeitstische (also auf Fensterbänken, Nebentischen oder durch Aufhängen) erübrigt das tägliche Aufbauen und Wiederabräumen, stellt also eine große zeitliche und organisatorische Erleichterung dar. Falls im „Fachlehrerbetrieb" der ständige Abbau nötig ist, sind ineinander stapelbare Ablagekörbe, in denen die Aufträge verbleiben, sehr hilfreich.
Die Kennzeichnung der einzelnen Stationen durch Ziffern, Buchstaben oder Symbole hilft den Kindern bei der Orientierung. Durch bewusste Verwendung dieser Ordnungsangebote kann die Struktur des Themengebietes oder eine andere Struktur (z. B. Arbeitsform o. Ä.) gleichzeitig verdeutlicht werden.

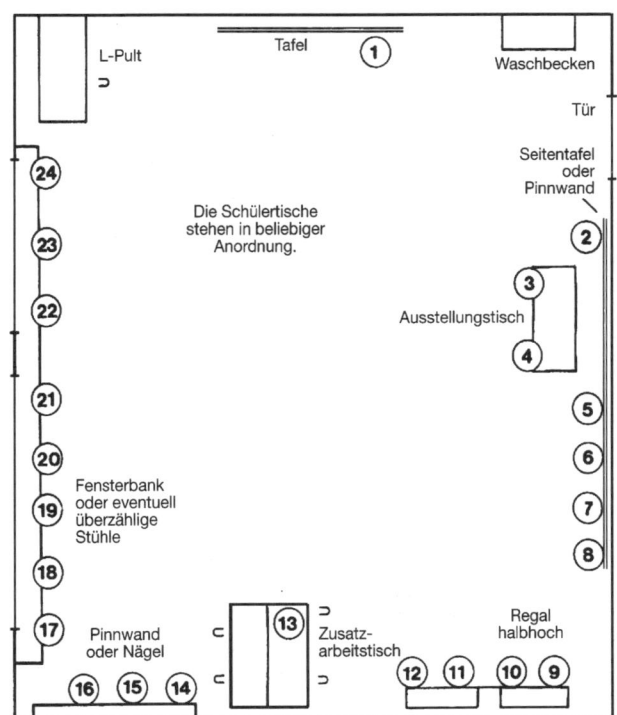

Eine Fortschrittsliste bzw. ein Laufzettel gibt Kindern wie Lehrkräften jederzeit eine Rückmeldung über den derzeitigen Bearbeitungsstand und dient der Übersicht.

Bearbeitungsdauer
Die tägliche Bearbeitungszeit sollte in der Regel etwa eine, im Höchstfall bis zu zwei Unterrichtsstunden betragen. Der insgesamt mögliche Zeitrahmen ist den folgenden Hinweisen zur aktuellen Thematik zu entnehmen.

Auswahlangebote
Den Kindern ist sinnvollerweise ein Auswahlangebot zu ermöglichen. Minimalanforderungen können von der Lehrerin oder dem Lehrer definiert werden. Als Orientierungshilfe finden Sie dazu in den Hinweisen zu diesem Themenheft weitere Angaben.

Einführung
Eine besondere Einführung erübrigt sich meist, wenn die Kinder bereits vor Beginn der eigentlichen Arbeit die Stationen und ausgelegten Materialien ansehen können. Die kindliche Neugier sowie gegenseitige Informationen und Gespräche machen dann nur noch in seltenen Fällen eine Vorstellung einzelner Stationen und die erstmalige Zuweisung der Anfangsstation erforderlich.

Sonstige Tipps
Organisatorische Bedingungen und Festlegungen sind möglichst an der konkreten Situation und erst beim tatsächlichen Bedarf zu klären und zu regeln. Ist die Klassenstärke größer als die Anzahl der zur Verfügung stehenden Arbeitsstationen, können Sie die einzelnen Arbeitsaufträge mehrfach anfertigen. Weitere Hinweise zur Organisation, zu den Inhalten und zum Lernen an Stationen allgemein finden Sie im Einführungsband zu dieser Reihe, der unter dem Titel *Lernen an Stationen in der Grundschule. Ein Weg zum kindgerechten Lernen* beim Cornelsen Verlag Scriptor (ISBN 3-589-21108-3) erschienen ist.

Roland Bauer
(Herausgeber)

Allgemeine Hinweise zu diesem Themenheft

„Erziehung gleicht weniger dem Füllen eines Eimers mit Wasser und eher dem Entzünden eines Feuers."
Plotin 3. Jh.

Das lateinische Alphabet hat sich schon im 4. Jh. vor Chr. entwickelt und ist bis heute auf der ganzen Welt verbreitet. Es ist daher grundlegend für das Lesen- und Schreibenlernen.

Obwohl das Kennenlernen der einzelnen Buchstaben vor allem im 1. Schuljahr stattfindet, ist der vielseitige und kreative Umgang mit dem Alphabet auch in den nächsten Schuljahren von großer Bedeutung, z. B. um die Schrift und die Rechtschreibung zu verbessern oder im Umgang mit dem Wörterbuch.

In diesem Heft soll das Alphabet in spielerischer Weise geübt und gefestigt werden. So können die Kinder kreative Texte und Gedichte zum Alphabet erstellen. Mit der Blindenschrift, der Zeichensprache und dem Morsealphabet lernen sie auch andere Möglichkeiten der Verständigung kennen. Die Erarbeitung des Alphabets und die Auseinandersetzung mit dem Wörterbuch sind somit zentrale Elemente des Deutschunterrichts, der die Zielsetzung hat, Kinder zu einem bewussten und selbstständigen Schriftspracherwerb anzuregen und zu befähigen.

Das Wörterbuch soll hierbei zu einem selbstverständlichen Hilfsmittel beim Schreiben werden. Es gehört zu den Basics, zu denen Grundschulkinder im Rahmen einer grundlegenden Bildung handlungsorientiert Zugang finden sollen. Als schulartübergreifendes Ziel für die weiterführenden Schulen ist ein bewusster und gleichzeitig automatisierter Umgang mit diesem Werkzeug anzustreben. Die Arbeit mit dem Wörterbuch gehört zu den Arbeitstechniken, die es zu entwickeln gilt, um die Selbsttätigkeit des Kindes zu stärken.

Der Einstieg in die Wörterbucharbeit kann mit dem Beginn des Schriftspracherwerbs starten und mit seinen differenzierenden Angeboten von Anfang an den Lernprozess begleiten. Die Bandbreite reicht dabei von spielerischen Übungen zum Abc und der Arbeit mit Wortlisten für den Anfangsunterricht bis hin zum Umgang mit komplexeren Schulwörterbüchern und dem Rechtschreibduden.

Eine Lernumgebung, die aktives und bewusstes Lernen unterstützt, hilft den Kindern, Erkenntnisse zu gewinnen. Das Erlernen des sicheren und aktiven Umgangs mit dem Wörterbuch ist exemplarisches Lernen. Die erlernten Fertigkeiten helfen den Kindern, Fremdsprachen zu erwerben und Nachschlagewerke wie Lexika, Telefonbücher, Branchenverzeichnisse etc. effektiver zu nutzen.

Das Wörterbuch kann und soll zunächst Werkzeug sein, wenn es darum geht, Texte im Schulalltag oder auch in der Freizeit aufzuschreiben. Es soll den Kindern als vertrautes Handbuch dienen, egal ob sie eigene Geschichten verfassen, dichten, Sachtexte für ein Projekt schreiben, Fragebögen entwickeln, Protokolle oder Briefe schreiben oder Texte nach Diktat schreiben.

Die Stationen sollen den Kindern ermöglichen,
- im spielerischen Umgang das Abc kennen zu lernen und zu üben,
- kreativ und fantasievoll mit dem Abc in Texten, Reimen und Gedichten umzugehen,
- Wörterbücher aktiv handelnd und in eigener Auseinandersetzung zu entdecken und sich vertraut zu machen,
- den Sinn der Wörterbucharbeit zu erfahren,
- aus einem lustvollen Umgang mit der Thematik die

Motivation zu gewinnen, das Wörterbuch wie selbstverständlich zu verwenden.

Die Stationen wurden so gestaltet, dass die Kinder die Möglichkeit haben, am Thema weiterzuarbeiten und ihre Arbeitsergebnisse zu veröffentlichen.

Sie sollen erfahren, wie bedeutsam ihr Lernen ist, und lernen, selbstständig Entscheidungen zu treffen, die ihren Lernprozess berühren.

Hinweise zur Bearbeitung

Die Stationen sind in folgende Arbeitsbereiche gegliedert:

- ☐ Das Abc kennen lernen
- ☐ Nach dem Abc ordnen
- ☐ Schreibanlässe zum Abc
- ☐ Besondere Abcs
- ☐ Spiele mit dem Abc
- ☐ Erste Schritte ins Wörterbuch
- ☐ Forschen im Wörterbuch
- ☐ Wortschatz erweitern
- ☐ Mit dem Wörterbuch Texte überarbeiten
- ☐ Kunst mit dem Wörterbuch

Die Stationen stellen ein Angebot dar, aus dem eine Auswahl für die eigene Lerngruppe getroffen werden muss. Auf eine fortlaufende Nummerierung wurde deshalb verzichtet. Je nach Altersstufe und Lernstand der Kinder können Sie die passenden Stationen auswählen. Die Stationen ermöglichen, die Thematik unter verschiedenen Gesichtspunkten spiralcurricular über mehrere Schuljahre anzubieten. Auf einen Laufzettel haben wir daher bewusst verzichtet.

Der Grundgedanke ist, den Kindern selbst gesteuertes, exemplarisches und forschendes Lernen zu ermöglichen. Dazu brauchen sie Zeit, sich in die Aufgaben zu vertiefen. Hier ist es sinnvoll, wenn die Kinder wenige Stationen, diese aber umfassend erarbeiten. Gemäß C. Freinet setzen wir „... auf das Arbeitserlebnis, aus dem jene innere Befriedigung erwächst, die lebensnotwendig ist" (Freinet-Pädagogik heute, Weinheim 1997, S. 12).

Zur Bearbeitung der angebotenen Stationen zum Wörterbuch ist es nicht immer erforderlich, den Kindern ein bestimmtes Wörterbuch zur Verfügung zu stellen. Grundlage für die Erarbeitung war allerdings das Grundschulwörterbuch „Von A bis Zett" vom Cornelsen Verlag.

Anmerkungen zu den einzelnen Stationen

Viele Stationsblätter sind so angelegt, dass sie nicht im Klassensatz kopiert werden müssen. Stattdessen empfiehlt es sich, die Arbeitsaufträge mehrmals auf farbiges Papier zu kopieren und zu laminieren. Auch so können mehrere Kinder oder Gruppen dieselbe Aufgabe gleichzeitig bearbeiten. Um den Kindern die Übersicht zu erleichtern, ist es sinnvoll, die Stationsblätter aus dem gleichen Themenbereich jeweils auf Papier derselben Farbe zu kopieren.

Das Abc kennen lernen

Das Abc vervollständigen

■ Welche Buchstaben fehlen?

■ Ergänze die fehlenden großen und kleinen Buchstaben.

■ Lerne das Abc auswendig.

■ Vergleiche mit dem Lösungsblatt.

Das Abc kennen lernen

Buchstaben nach dem Abc verbinden

■ Verbinde die Buchstaben in der Reihenfolge des Alphabets mit einem Stift.

■ Vergleiche mit dem Lösungsblatt.

Fehlende Buchstaben ergänzen

In den Häusern sind schon einige Buchstaben des Alphabets eingetragen.

■ Trage die fehlenden Buchstaben in der Reihenfolge des Alphabets ein.

■ Vergleiche mit dem Lösungsblatt.

Das Abc kennen lernen

Geheimschrift lösen

■ Trage die fehlenden Buchstaben des Alphabets in die Raupe ein.

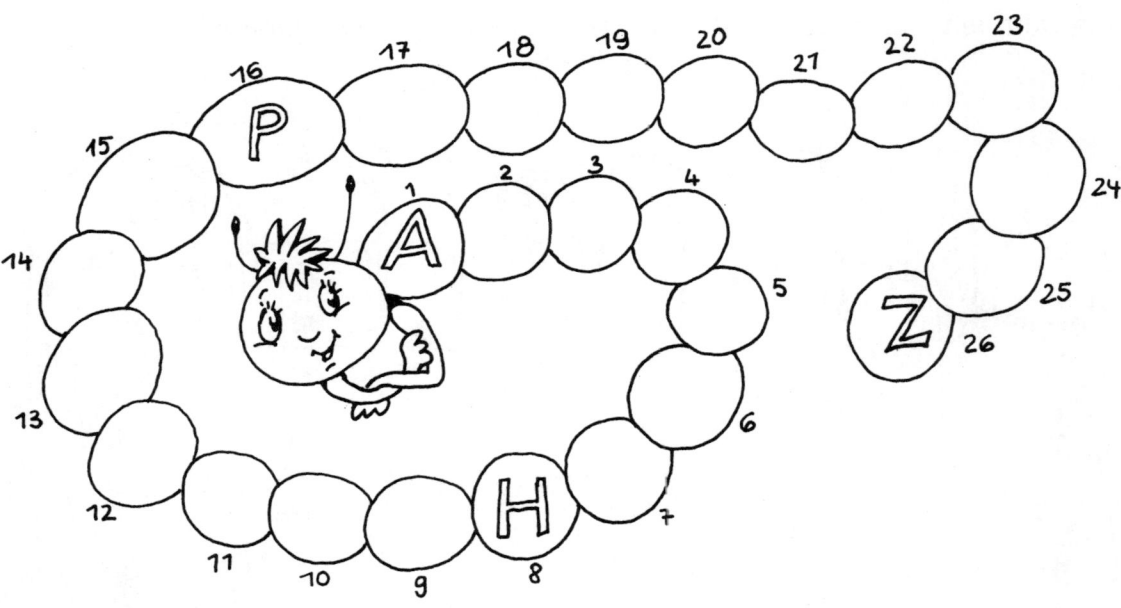

■ Setze die Buchstaben in die Kästchen ein.

4	1	19

1	2	3

8	1	20

22	9	5	12	5

2	21	3	8	19	20	1	2	5	14

11	1	14	14	19	20

4	21

13	9	18

19	1	7	5	14

23	9	5

22	9	5	12	5

Lösung: ☐

■ Vergleiche mit dem Lösungsblatt.

Das Abc kennen lernen

Geheimschrift entziffern

Unten siehst du eine verschlüsselte Botschaft.   .

■ Entschlüssle den Text, indem du statt des angegebenen Buchstabens den nachfolgenden Buchstaben einsetzt, also statt A ein B, statt J ein K.

■ Schreibe die richtigen Buchstaben in die Kästchen.

R O H S Y D   C T   G Z R S   C H D
[ ][ ][ ][ ][ ][ ]   [ ][ ]   [ ][ ][ ][ ]   [ ][ ][ ]

A N S R B G Z E S
[ ][ ][ ][ ][ ][ ][ ][ ][ ]

D M S R B G K T D R R D K S
[ ][ ][ ][ ][ ][ ][ ][ ][ ][ ][ ][ ][ ][ ]

■ Vergleiche mit dem Lösungsblatt.

Nach dem Abc ordnen

Namen nach dem Abc ordnen

■ Ordne die Namen der Kinder nach dem Abc.

■ Schreibe sie in dein Heft.

■ Vergleiche mit dem Lösungsblatt.

Nach dem Abc ordnen

Versteckte Wörter ordnen

- Suche die 11 versteckten Wörter und kreise sie ein.

- Ordne die Tiernamen nach dem Abc.

- Schreibe sie in dein Heft.

W	A	M	E	I	S	E	Q	I	D	N	X
H	T	Z	E	B	R	A	E	G	S	A	J
A	Y	B	V	D	G	K	O	E	H	S	E
M	I	P	U	M	A	S	U	L	K	H	Ä
S	Q	A	F	N	V	Y	H	I	K	O	T
T	P	O	L	S	G	Ö	U	X	A	R	I
E	M	V	O	G	E	L	L	V	M	N	G
R	Z	J	D	A	H	K	U	Ü	E	K	E
M	O	A	F	I	S	C	H	B	L	I	R

- Vergleiche mit dem Lösungsblatt.

Nach dem Abc ordnen

Tierbilder nach dem Abc ordnen

■ Schneide die Tierbilder aus.

■ Ordne die Tiere nach dem Abc.

Nach dem Abc ordnen

Wörter mit dem gleichen Anfangsbuchstaben ordnen

- Unterstreiche die Wörter mit dem gleichen Anfangsbuchstaben in der gleichen Farbe.
- Ordne die Wörter nach dem Abc und schreibe sie unten auf.

  Tipp: Der zweite Buchstabe hilft dir dabei!
- Vergleiche mit dem Lösungsblatt.

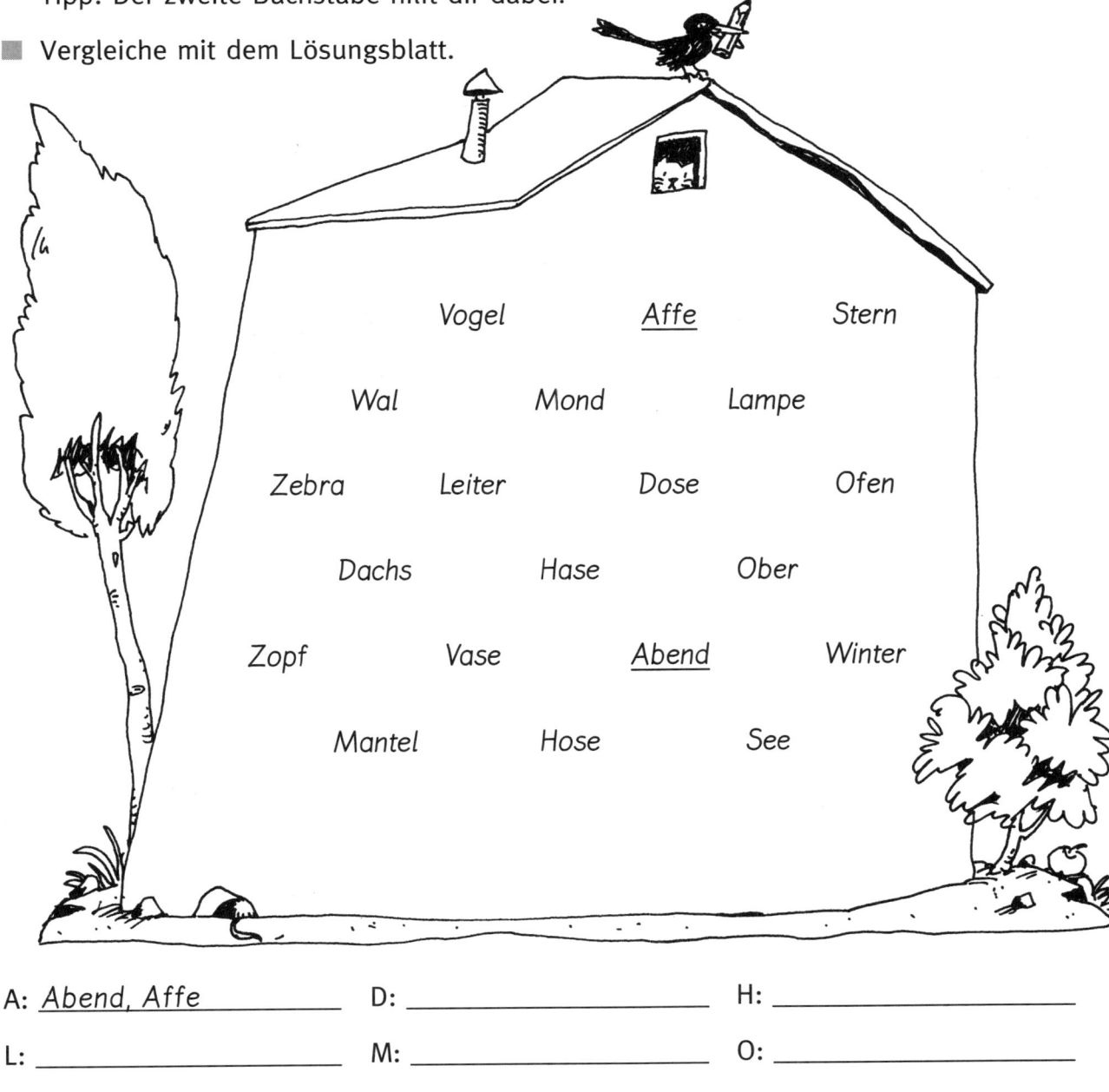

Vogel   _Affe_   Stern

Wal   Mond   Lampe

Zebra   Leiter   Dose   Ofen

Dachs   Hase   Ober

Zopf   Vase   _Abend_   Winter

Mantel   Hose   See

A: _Abend, Affe_   D: _____   H: _____

L: _____   M: _____   O: _____

S: _____   V: _____   W: _____

Z: _____

Nach dem Abc ordnen

Wörter nach dem zweiten und dritten Buchstaben ordnen

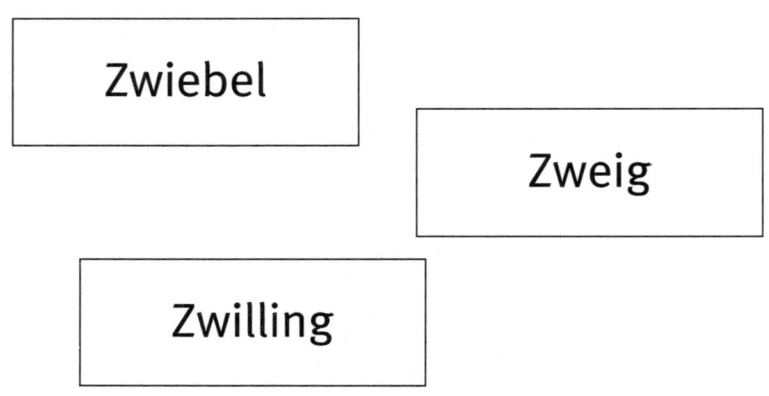

Zw – Zy	
der **Zweck**, die Zwecke, zwecklos	A
zwei, zweihundert, zweimal	B
der **Zwei|fel**, die Zweifel, zweifeln	C
der **Zweig**, die Zweige	D
der **Zwerg**, die Zwerge	E
die **Zwet|sche***, die Zwetsch|ge* (Pflaume)	F
zwi|cken, du zwickst, er zwickte, die Zwickmühle	G
der **Zwie|back**, die Zwiebäcke	H
Zwieback ist „zweimal gebacken".	I
die **Zwie|bel**, die Zwiebeln	J
das **Zwie|ge|spräch**	K
Das heißt: Zweiergespräch.	L
der **Zwil|ling**, die Zwillinge	M
Das Wort bedeutet: Zweiling.	N
zwin|gen, er zwang, gezwungen, der Zwang	O
der **Zwin|ger**, die Zwinger	P
zwin|kern, sie zwinkerte	Q
der **Zwirn**, die Zwirne	R
zwi|schen, der Zwischenfall, der Zwischenraum	S
zwit|schern, er zwitscherte	T
zwölf	U
der **Zy|lin|der**, die Zylinder	V

199

Bei manchen Wörtern ist es notwendig, ganz genau zu suchen, bis man sie im Wörterbuch findet. Um das genaue Hinschauen zu üben, könnt ihr euch ein eigenes Spiel herstellen.

- Suche dir dafür ein oder zwei andere Kinder aus, mit denen du zusammenarbeiten möchtest.

Die Schritte zum Spiel:

- Ihr braucht pro Mitspieler ein Wörterbuch, einen Briefumschlag und zehn farbige Spielkärtchen. Achtet darauf, dass jedes Kind eine andere Farbe bekommt.
- Jeder von euch sucht sich eine Seite aus seinem Wörterbuch aus.
- Wähle auf deiner Seite zehn Wörter aus und schreibe jedes Wort auf ein farbiges Kärtchen.
- Stecke deine fertigen Wortkärtchen in einen Briefumschlag.

Spielregeln:

- Entscheidet vor dem Spiel, wie viele Runden ihr spielen wollt.
- Jedes Kind zieht einen Briefumschlag.
- Ihr öffnet den Umschlag gleichzeitig und ordnet die Kärtchen in der richtigen alphabetischen Reihenfolge.
- Wichtig ist es, zügig und sorgfältig zu arbeiten. Gewonnen hat, wer ...?

Tipp: Sammelt alle eure Briefumschläge in einem Kästchen, dann habt ihr bald viele Spielmöglichkeiten.

Schreibanlässe zum Abc

Ein Wörter-Abc erstellen

■ Wähle aus den Themen eines aus, zu dem du ein Wörter-Abc schreiben möchtest. Du kannst dir auch ein eigenes Thema überlegen.

■ Suche zu jedem Buchstaben des Alphabets ein Wort, das zu deinem Thema passt. Schreibe es auf das Arbeitsblatt.

■ Mögliche Themen:

Schreibanlässe zum Abc

Ein Wörter-Abc erstellen – Arbeitsblatt

Das _____ **Abc**

A _____   N _____

B _____   O _____

C _____   P _____

D _____   Q _____

E _____   R _____

F _____   S _____

G _____   T _____

H _____   U _____

I _____   V _____

J _____   W _____

K _____   X _____

L _____   Y _____

M _____   Z _____

Schreibanlässe zum Abc

Abc-Sätze schreiben

- Denke dir Sätze aus, in denen jedes Wort mit dem gleichen Buchstaben beginnt.
- Schreibe sie auf.

| K | *Kleine Katzen können keinen Kaffee kaufen.* |

Schreibanlässe zum Abc

Abc-Gedicht zusammensetzen

■ Suche zu jeder Buchstabenreihe den passenden Reimsatz und schreibe ihn auf.

ABCDE _____

FGHI _____

JKL _____

MNO _____

PQR _____

STU _____

VWXYZ _____

da fahr'n wir gerne Ski.

Im Winter ist es einfach nett!

Im Winter fällt oft Schnee,

zaubert Eis im Nu.

das macht die Kinder froh.

Auch mit dem Schlitten geht es schnell,

Der Frost ist ein strenger Herr,

■ Vergleiche mit dem Lösungsblatt.

Schreibanlässe zum Abc

Abc-Reime erfinden

■ Überlege dir zu jeder Reihe einen Satz, der mit einem der vorgegebenen Wörter endet.

■ Schreibe deine Abc-Reime auf.

ABC _____

_____

> Schnee, Tee, See, Fee, Zeh, Klee, weh

DEFGH _____

_____

> Januar, Jahr, klar, wunderbar

IJKL _____

_____

> schnell, hell, Fell, grell

MNO _____

_____

> Stroh, froh, Floh, Klo, irgendwo

PQR _____

_____

> Herr, sehr, Abenteuer, her

STU _____

_____

> Kuh, Schuh, Gnu, Uhu

VWXYZ _____

_____

> Bett, fett, nett, Brett, Quartett

Besondere Abcs

In altdeutscher Schrift schreiben

Deine Urgroßeltern haben früher in einer anderen Schrift geschrieben.
Sie hieß Sütterlin.

■ Schreibe deinen Namen oder andere Wörter und Sätze in der alten Schrift in dein Heft.

Besondere Abcs

Wörter buchstabieren

Damit Namen z. B. am Telefon richtig verstanden werden, buchstabiert man sie häufig. Dabei wird für jeden Buchstaben der zugehörige Buchstabiername genannt. Der Nachname „Hubel" würde also **H**einrich, **U**lrich, **B**erta, **E**mil, **L**udwig buchstabiert werden.

- Suche dir ein anderes Kind.

- Du überlegst dir ein Wort und buchstabierst es deinem Partner mit Hilfe des Buchstabieralphabets. Die Aufgabe deines Partners ist es, das Wort herauszubekommen und es dann aufzuschreiben.

- Wechselt die Rollen.

Das Buchstabieralphabet

A	Anton	**J**	Julius	**Sch**	Schule
Ä	Ärger	**K**	Kaufmann	**T**	Theodor
B	Berta	**L**	Ludwig	**U**	Ulrich
C	Cäsar	**M**	Martha	**Ü**	Übermut
Ch	Charlotte	**N**	Nordpol	**V**	Viktor
D	Dora	**O**	Otto	**W**	Wilhelm
E	Emil	**Ö**	Ökonom	**X**	Xanthippe
F	Friedrich	**P**	Paula	**Y**	Ypsilon
G	Gustav	**Q**	Quelle	**Z**	Zacharias
H	Heinrich	**R**	Richard		
I	Ida	**S**	Samuel		

Besondere Abcs

Sich mit dem Morse-Alphabet verständigen

Von Schiff zu Schiff verständigen sich die Kapitäne mit dem Morsealphabet.
Hierfür verwenden sie Striche und Punkte. Die Striche kannst du durch ein langes
Klopfzeichen, die Punkte durch ein kurzes Klopfzeichen darstellen.

- Suche dir ein anderes Kind.

- Überlege dir ein Wort, das du deinem Partner morsen möchtest. Du kannst das
  Wort mit der Hand auf den Tisch klopfen.

- Wechselt die Rollen.

Das Morse-Alphabet

A ● ▬	S ● ● ●
Ä ● ▬ ● ▬	T ▬
B ▬ ● ● ●	U ● ● ▬
C ▬ ● ▬ ●	Ü ● ● ▬ ▬
D ▬ ● ●	V ● ● ● ▬
E ●	W ● ▬ ▬
F ● ● ▬ ●	X ▬ ● ● ▬
G ▬ ▬ ●	Y ▬ ● ▬ ▬
H ● ● ● ●	Z ▬ ▬ ● ●
I ● ●	CH ▬ ▬ ▬ ▬
J ● ▬ ▬ ▬	1 ● ▬ ▬ ▬ ▬
K ▬ ● ▬	2 ● ● ▬ ▬ ▬
L ● ▬ ● ●	3 ● ● ● ▬ ▬
M ▬ ▬	4 ● ● ● ● ▬
N ▬ ●	5 ● ● ● ● ●
O ▬ ▬ ▬	6 ▬ ● ● ● ●
Ö ▬ ▬ ▬ ●	7 ▬ ▬ ● ● ●
P ● ▬ ▬ ●	8 ▬ ▬ ▬ ● ●
Q ▬ ▬ ● ▬	9 ▬ ▬ ▬ ▬ ●
R ● ▬ ●	0 ▬ ▬ ▬ ▬ ▬

© Cornelsen Verlag Scriptor, Berlin • Lernen an Stationen • Themenheft „Das Alphabet erarbeiten"

Besondere Abcs

Sich in Zeichensprache verständigen

Menschen, die nicht hören und nicht sprechen können,
verständigen sich mit den Händen.

- Suche dir ein anderes Kind.

- Übt zunächst gemeinsam die Zeichensprache.

- Zeigt euch gegenseitig Wörter in der Zeichensprache.

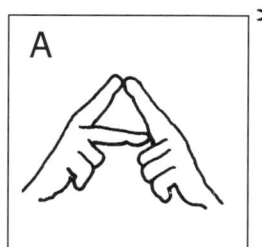

A

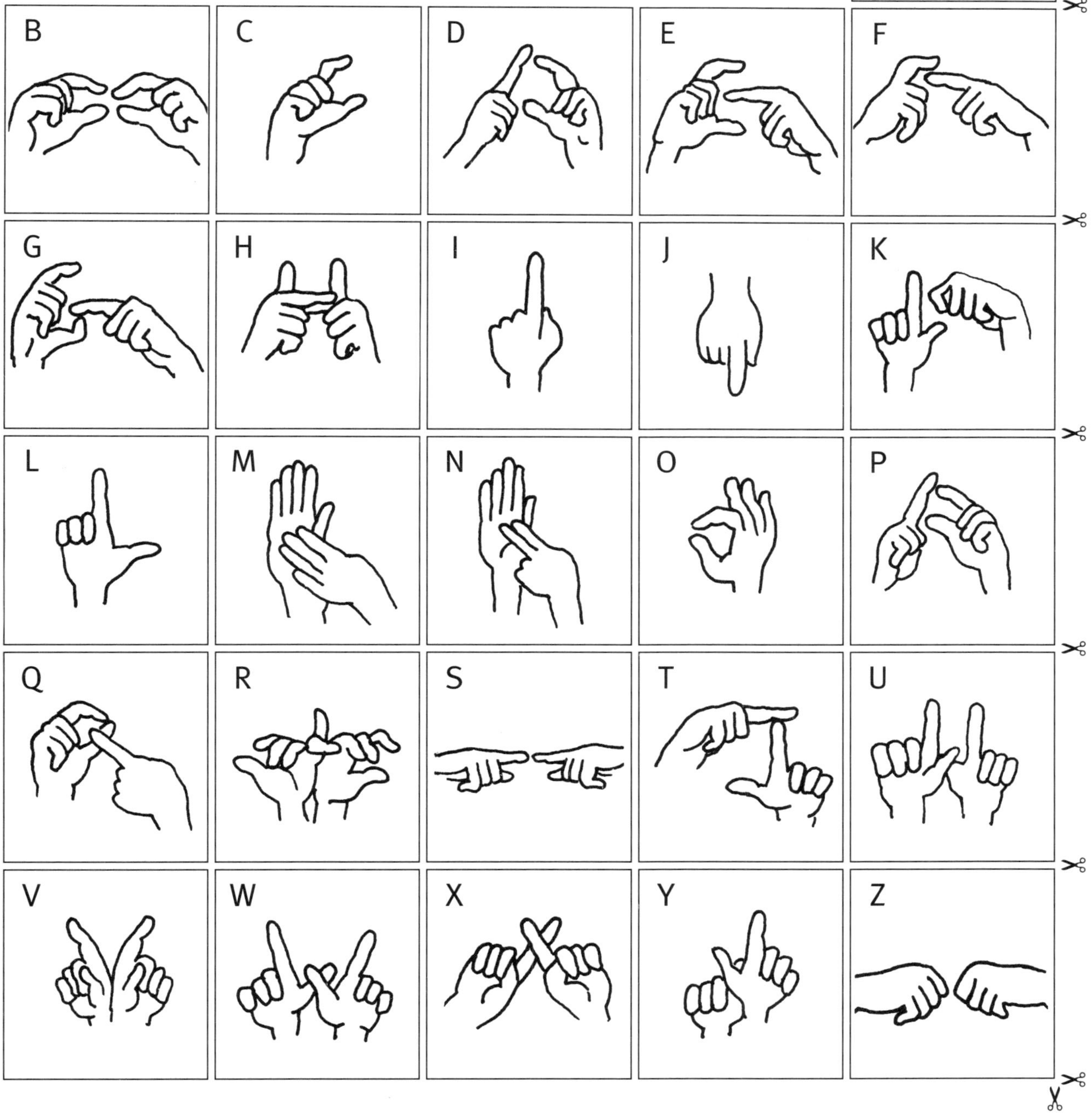

B	C	D	E	F
G	H	I	J	K
L	M	N	O	P
Q	R	S	T	U
V	W	X	Y	Z

Besondere Abcs

In Blindenschrift schreiben

Die Blindenschrift ist eine Punktschrift, die man fühlen kann. Blinde Menschen lesen die Schrift mit ihren Fingern. Die Buchstaben bestehen aus Punkten, die in ein Sechserfeld gestochen werden. Dadurch entsteht eine Erhöhung, die ein blinder Mensch ertasten kann.

Die Blindenschrift wird, nach seinem Erfinder Louis Braille, auch Brailleschrift genannt. Geschrieben wird diese Schrift auf besonderen Schreibmaschinen.

Blindenschrift

© Cornelsen Verlag Scriptor, Berlin • Lernen an Stationen • Themenheft „Das Alphabet erarbeiten"

Besondere Abcs

In Blindenschrift schreiben – Arbeitsblatt

■ Überlege dir Wörter, die du in der Blindenschrift schreiben willst.

■ Male mit einem schwarzen Filzstift für jeden Buchstaben die Punkte in den Sechserfeldern auf.

■ Drehe das Blatt um und steche mit einer Nadel in die aufgemalten Punkte. So entstehen auf der Vorderseite des Blattes für jeden Buchstaben Erhöhungen.

■ Lass einen Mitschüler deine Wörter lesen und aufschreiben.

Beispiel:

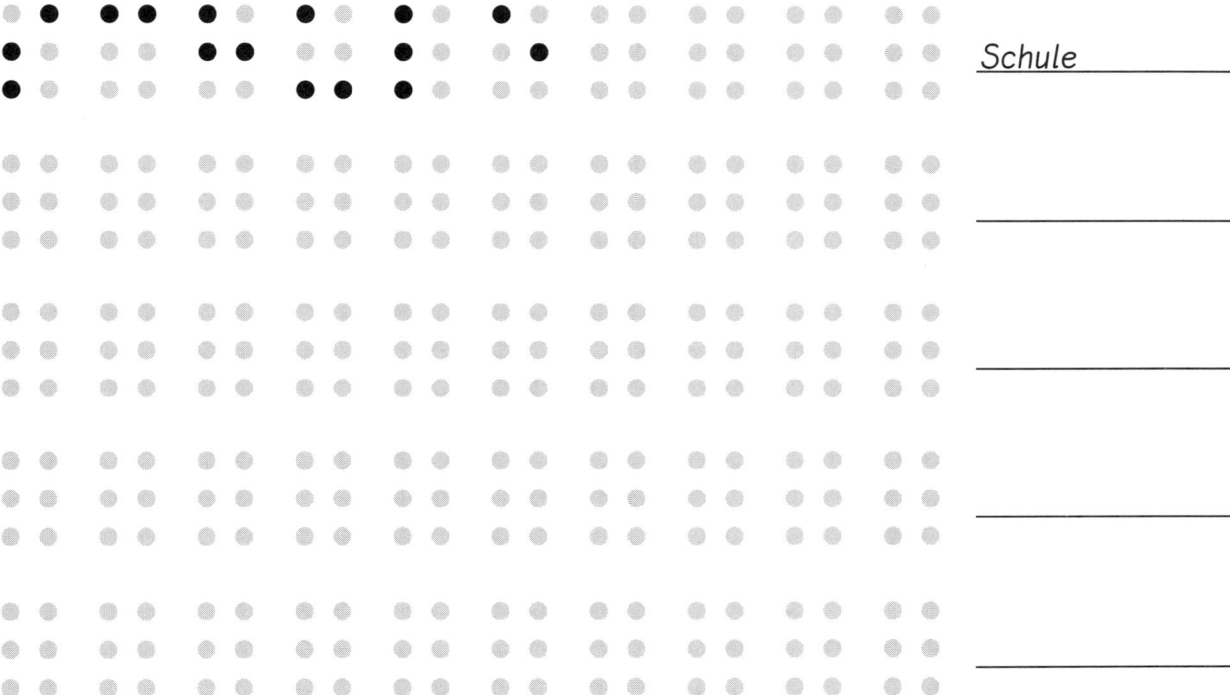

Schule

Spiele mit dem Abc

Stadt, Land, Fluss

- Suche dir 1 bis 3 Mitspieler.

- Jedes Kind bekommt einen Spielplan.

- Gemeinsam legt ihr fest, welche Überschriften die Spalten bekommen, z. B. Stadt, Land, Fluss, Pflanzen, Tiere, ...

- Überlegt euch für jede Spielrunde einen Buchstaben.

- Nun schreibt jedes Kind Wörter mit dem vereinbarten Buchstaben auf.

- Die Spielrunde ist dann beendet, wenn ein Spieler zu jeder Spalte ein Wort gefunden hat.

- Anschließend wird gezählt: Für jedes gefundene Wort gibt es 10 Punkte.

- Gewonnen hat der Spieler mit den meisten Punkten am Ende aller Spielrunden.

Spiele mit dem Abc

Stadt, Land, Fluss – Spielplan

Punkte								

Spiele mit dem Abc

Bingo

- Suche dir 3 Spielpartner.

- Ein Kind ist der Spielführer, die anderen 3 Kinder brauchen jeweils einen Spielplan.

- Jeder schreibt in die Felder seines Spielplanes einen beliebigen Buchstaben.

- Der Spielführer nennt Wörter, die mit verschiedenen Buchstaben beginnen.

- Die Spieler, die den Anfangsbuchstaben des genannten Wortes auf dem Spielplan haben, dürfen das Feld ankreuzen.

- Gewonnen hat, wer 3 Kreuze in einer Reihe (waagerecht, senkrecht oder diagonal) hat.

Bingo-Spielplan

Spiele mit dem Abc

Würfelspiel

- Suche dir 2 bis 3 Mitspieler

- Würfelt abwechselnd und geht die gewürfelte Augenzahl vorwärts.

- Kommst du auf ein Feld mit einem Fragezeichen, zieht ein Mitspieler eine Karte und stellt dir eine Aufgabe.

- Wenn du die Aufgabe richtig beantwortet hast, darfst du die Karte behalten.

- Gewonnen hat der Spieler, der im Ziel die meisten Karten hat.

Spiele mit dem Abc

Würfelspiel – Spielplan

Spiele mit dem Abc

Würfelspiel – Spielkarten I

Welche Buchstaben sind zwischen C und J? **Antwort:** D, E, F, G, H, I	Welcher Buchstabe kommt vor dem Z? **Antwort:** Y	Welche beiden Buchstaben stehen vor und nach dem M? **Antwort:** L und N
Welche Buchstaben fehlen? R S ☐ ☐ V ☐ **Antwort:** T, U, W	Ordne die Buchstaben nach dem Abc. E O T W A Q Z **Antwort:** A, E, O, Q, T, W, Z	Welcher Buchstabe der Zeichensprache ist dargestellt: **Antwort:** A
Buchstabiere das Wort „Garten" mit den Buchstabiernamen. **Antwort:** Gustav, Anton, Richard, Theodor, Emil, Nordpol	Denke dir einen Satz aus, in dem jedes Wort mit einem **S** beginnt.	Denke dir einen Satz aus, in dem jedes Wort mit einem **F** beginnt.
Nenne 3 Tiere, die mit einem H beginnen. **Antwort:** Hase, Hund, Hamster	Ordne die Wörter nach dem Abc: Vanessa Michael Anna Simon Katrin Otto **Antwort:** Anna, Katrin, Michael, Otto, Simon, Vanessa	Wie heißt das Wort? Die Zahlen geben die Buchstabenreihenfolge im Alphabet an. 2 1 12 12 **Antwort:** Ball

Spiele mit dem Abc

Würfelspiel – Spielkarten II

Welcher Buchstabe der Blindenschrift ist dargestellt? ● ○ ● ○ ● ○ **Antwort:** L	Welcher Buchstabe des Morsealphabets ist dargestellt? ━ ━ • • **Antwort:** Z	Ordne die Wörter nach dem Abc: Bach Blume Biene Busch Baum **Antwort:** Bach, Baum, Biene, Blume, Busch
Wie heißt das Wort? Die Zahlen geben die Reihenfolge im Alphabet an. 19 3 8 21 12 5 ☐ ☐ ☐ ☐ ☐ ☐ **Antwort:** Schule	Sage das Abc laut auf!	Sage das Abc rückwärts auf. Beginne mit Z!
Nenne 5 Kindernamen, die mit einem **A** beginnen.	Nenne 2 Berufe, die mit einem **B** beginnen.	Nenne zu jedem Buchstaben deines Namens ein Wort.
Ordne die Buchstaben rückwärts nach dem Abc: F S Z V P A **Antwort:** Z, V, S, P, F, A	Buchstabiere deinen Namen mit den Buchstabiernamen.	Welcher Buchstabe der Zeichensprache ist dargestellt? **Antwort:** R

© Cornelsen Verlag Scriptor, Berlin • Lernen an Stationen • Themenheft „Das Alphabet erarbeiten"

Erste Schritte ins Wörterbuch

Von A bis Zett durchs Wörterbuch

Wenn du dich in deinem Wörterverzeichnis gut auskennst, kann es dir beim Schreiben ein guter Wegbegleiter sein. Hier kannst du es einmal von A bis Z durcharbeiten. Verwende in deinem Wörterbuch „Von A bis Zett" das Wörterverzeichnis für das 2. Schuljahr.

▨ Suche dir für diese Aufgabe 1 bis 2 andere Kinder, mit denen du zusammenarbeiten möchtest. Ihr könnt euch die Buchstaben des Alphabets auch aufteilen.

▨ Sucht jeweils das erste und das letzte Wort zu einem Buchstaben und schreibt es wie im Beispiel auf.

Beispiel:

A a von   **ab** auf Seite ___   bis **Autos** auf Seite ___

B b von   **Baby** auf Seite ___   bis **Butter** auf Seite ___

C c von   _____ auf Seite ___   bis _____ auf Seite ___

▨ Gestaltet damit eine Seite in eurem Heft oder ein Plakat.

Erste Schritte ins Wörterbuch

Welche Wörter schreibst du groß?

Dein Wörterbuch hilft dir, herauszufinden, welche Wörter du großschreiben musst, weil sie Substantive sind.

- ◼ Du kannst diese Aufgabe alleine oder zusammen mit 1 bis 2 anderen Kindern bearbeiten.

- ◼ Verwende in deinem Wörterbuch „Von A bis Zett" das Wörterverzeichnis für das 2. Schuljahr.

- ◼ Schlage die Wörter, die im Haus stehen, im Wörterbuch nach und schreibe sie mit der dazugehörigen Seitenzahl richtig in dein Heft. Schreibe Substantive mit ihrem Begleiter auf.

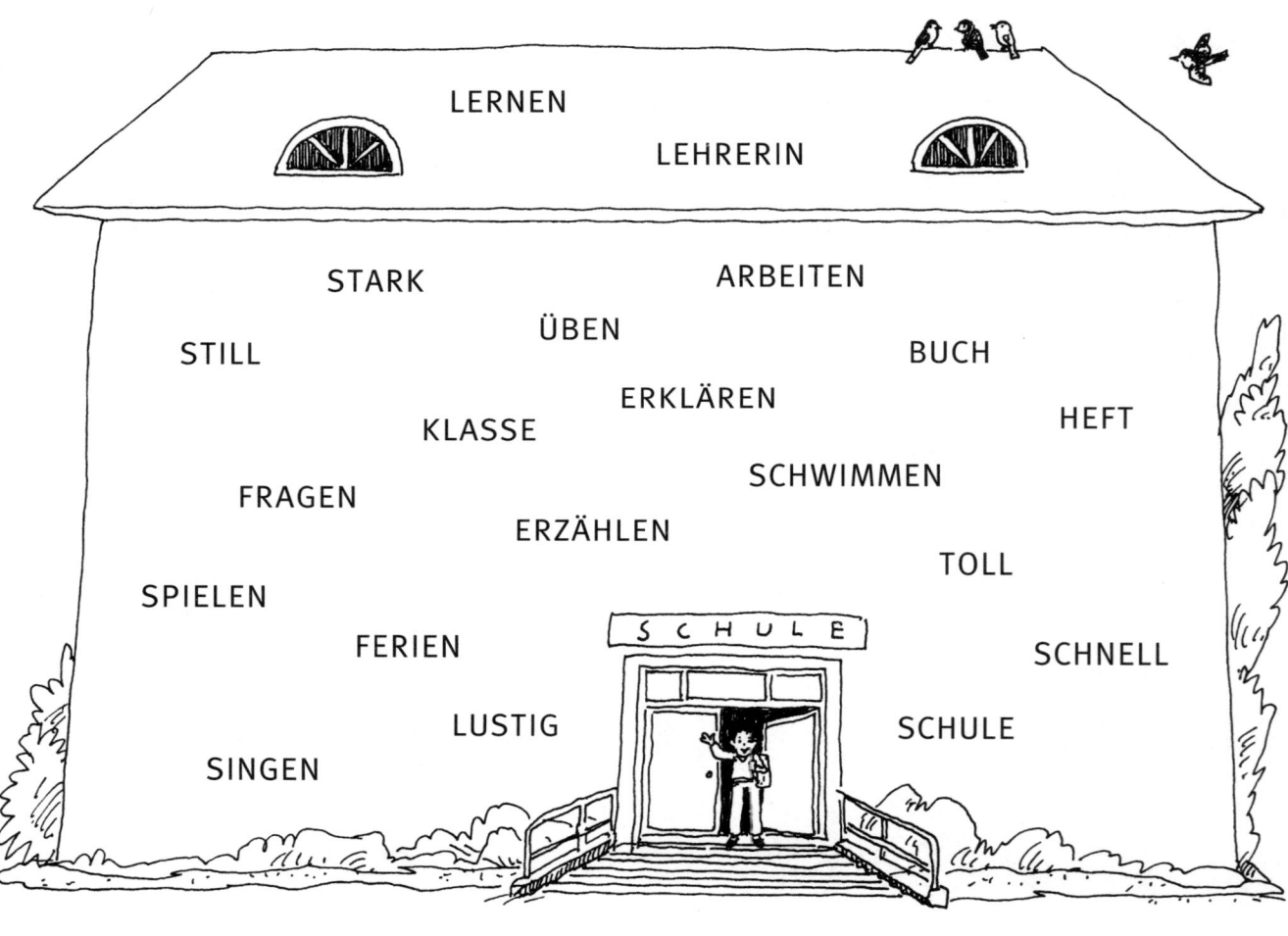

Beispiel:

lernen, Seite __

die Klasse, Seite __

Erste Schritte ins Wörterbuch

Affe, Brot und Regen:
Wörter zu Themen im Wörterbuch finden

- Hier findest du 3 Aufgaben. Suche dir eine aus.
  Du kannst auch 2 oder alle 3 Aufgaben bearbeiten.

- Arbeite alleine oder zusammen mit 1 bis 2 anderen Kindern.

- Schneide die Aufgabe, mit der du beginnen möchtest, aus.

Suche im Wörterbuch die Namen von Tieren, die so anfangen:

Aff, Hu, Bä, Fi, Ha, Fl, El, En, Eu, Ig, Pf, Rau, Vo

Schreibe sie mit ihrem Begleiter und
der dazugehörigen Seitenzahl in dein Heft.

Beispiel: *der Affe, S.* ____

Suche im Wörterbuch Wörter aus der Natur, die so anfangen:

As, Zw, Ba, Bu, Bl, Bie, Er, Fr, Gr, Ho, Wie, Hi, Wo, Re, Wa

Schreibe sie mit ihrem Begleiter und
der dazugehörigen Seitenzahl in dein Heft.

Beispiel: *der Ast, S.* ____

Suche im Wörterbuch Sachen zum Essen und Trinken, die so anfangen:

Me, Ba, Ap, Wa, Nu, Sa, Pi, Ka, Zw, Mi, Br, Fi, Ma, Li

Schreibe sie mit ihrem Begleiter und
der dazugehörigen Seitenzahl in dein Heft.

Beispiel: *die Melone, S.* ____

Forschen im Wörterbuch

Kleinprojekt: Wörterbücher vergleichen

Wörterbücher sind sehr verschieden. Sie sehen unterschiedlich aus und bieten dir verschiedene Möglichkeiten, damit zu arbeiten.

- Suche dir 1 bis 2 andere Kinder, mit denen du zusammenarbeiten möchtest.

- Entscheidet euch für 2 oder 3 Wörterbücher, die ihr untersuchen und miteinander vergleichen wollt.

- Fragen und Aufgaben für eure Forschungen können z. B. sein:
  - Was haben die Wörterbücher gemeinsam?
  - Worin unterscheiden sie sich?
  - Gibt es ein Wörterbuch, das ihr empfehlen würdet?
    Wenn ja, mit welcher Begründung?

- Schreibt eure Ergebnisse auf Blättern zusammen.

- Gestaltet mit euren Forschungsergebnissen ein Plakat und stellt sie anderen Kindern vor.

Forschen im Wörterbuch

Kleinprojekt: Ein Wörterbuch untersuchen

Ein Wörterbuch bietet dir viele Möglichkeiten zum Nachschlagen. Damit du alles nutzen kannst, ist es wichtig, dass du dich im Wörterbuch gut auskennst.

■ Suche dir 1 bis 2 andere Kinder, mit denen du zusammenarbeiten möchtest.

■ Entscheidet euch für ein Wörterbuch, das ihr untersuchen wollt.

■ Gegenstand eurer Forschungen könnte z.B. sein:
- das Inhaltsverzeichnis,
- die Kapitel (Was kann der Benutzer alles erfahren?),
- die Gestaltung,
- der Umfang.

■ Schreibt eure Ergebnisse auf Blättern zusammen.

■ Gestaltet mit euren Forschungsergebnissen ein Plakat und stellt sie anderen Kindern vor.

Forschen im Wörterbuch

Kleinprojekt: Wörterbuch-Spezialisten

In einem Schülerwörterbuch findest du viele verschiedene Angebote, wie du Texte sicherer und abwechslungsreicher schreiben kannst, z. B. mit Hilfe von Wortfeldern.

■ Suche dir ein anderes Kind, mit dem du zusammenarbeiten möchtest.

■ Findet heraus, welche Kapitel es in eurem Schulwörterbuch gibt.

■ Entscheidet euch nach Absprache mit eurer Lehrerin oder eurem Lehrer, für welches Kapitel ihr Spezialisten werden wollt.

■ Untersucht eurer ausgewähltes Kapitel dann ganz genau.

■ Ziel eurer Arbeit sollte sein, den anderen Kindern zu erklären, was und wie sie in eurem Kapitel lernen können.

■ Sammelt eure Ergebnisse und bereitet einen Vortrag für eure Klasse vor.

Wortschatz erweitern

Einen Themenwörter-Schatz zusammenstellen

Bearbeitet ihr gerade in eurer Klasse gemeinsam ein Thema?
Wie heißt euer Thema?
Mache dich mit dem Wortschatz vertraut, der dazugehört.
Wenn ihr zum Beispiel am Thema „Weltraum" arbeitet, ist es wichtig,
dass du die Wörter, die zum „Weltraum" gehören, schreiben lernst.

- Du kannst alleine oder auch mit anderen Kindern zusammenarbeiten.

- Bereite dir ein Blatt Papier vor.

- Nimm dir einige Minuten Zeit und schreibe alle Wörter auf, die dir zu deinem Thema einfallen.

- Tausche dich nun mit anderen Kindern über eure Wörter aus und tragt eure Ergebnisse zusammen.

- Kontrolliert mit eurem Schulwörterbuch die Schreibung eurer Wörter.

- Schreibt nun die kontrollierten Wörter nach dem Alphabet geordnet auf ein neues Blatt Papier.

- Stellt euren Themenwörter-Schatz aus.

Wortschatz erweitern

Im Wörterbuch schmökern

■ Mach es dir mit einer kleinen Gruppe von Kindern gemütlich.
Lest kreuz und quer durch das Wörterbuch.

■ Wenn ihr ein neues oder besonderes Wort findet, schreibt es groß
auf eines der Kärtchen.

■ Besprecht miteinander, was es bedeutet.

■ Hat es verwandte Wörter?

■ Gehört es zu einer Wortfamilie?

■ Gibt es davon noch andere Formen?

■ Schreibt all dies auf das Wortkärtchen dazu.

■ Sammelt eure gefundenen Wörter an einer Ausstellungswand.

Wortschatz erweitern

Cowboy, Comic und andere Fremdwörter

Viele Wörter, die wir heute in unserer Sprache verwenden, haben ihren Ursprung in einer anderen Sprache. Aus diesem Grund werden diese Fremdwörter häufig anders geschrieben, als wir sie aussprechen.

- In unserem Wörterbuch sind besonders beim C viele Fremdwörter.

- Schreibe sie heraus und lies sie anderen vor. Verbessert euch gegenseitig bei der Aussprache.

- Suche auch unter anderen Buchstaben Fremdwörter heraus und schreibe sie auf.

- Du kannst für deine Klasse Wortkärtchen herstellen, mit denen ihr z. B. Dosendiktat, Partnerdiktat oder im Eigentraining üben könnt.

A
B
C
D
E
F
G
H
I
J
K
L
M
N
O
P
Q
R
S
T
U
V
W
X
Y
Z

C c

das **Ca|fé**, die Cafés
der **Cam|ping|platz,**
    die Campingplätze
die **Cas|set|te** (englisch)
der **CD-Spie|ler**
    Cel|si|us, kurz: C
    Wir teilen das Thermometer in
    Grade ein, wie es der Schwede
    Celsius vorschlug: 17 Grad
    Celsius (17 °C).
der **Cent**, die Cents
die **Chan|ce**, die Chancen
der **Cha|rak|ter**, die Charak-
    tere, charakteristisch
der **Char|ter|flug**
die **Che|mie**
    Chi|na, der Chinese,
    chinesisch
der **Chor**, die Chöre
der **Christ**, die Christen,
    Christus, christlich
die **Ci|ty**, die Citys
der **Clown**, die Clowns
der **Club**, die Clubs
der **Co|mic**, die Comics
der **Com|pu|ter,**
    die Computer
der **Con|tai|ner,**
    die Container
der **Cow|boy**, die Cowboys
die **Cre|me**, die Cremes

106

Mit dem Wörterbuch Texte überarbeiten

Die Rechtschreibung von Verben überarbeiten

■ Was haben diese Wörter gemeinsam?

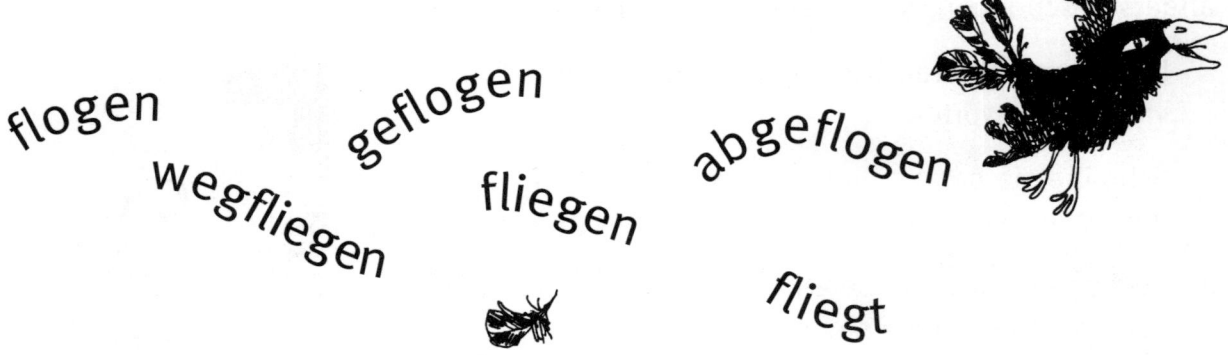

> **!** Gegenwarts- und Vergangenheitsformen findest du in jedem Wörterbuch unter der Grundform.
>
> Wörter mit Vorsilben wie weg-fliegen, ab-geflogen sind in Schülerwörterbüchern häufig unter der Grundform des Stammverbs zu finden.

■ Suche dir für die Überarbeitung ein anderes Kind und bearbeitet gemeinsam einen selbst verfassten Text oder ein Diktat.

■ Unterstreicht im Text alle Verben, die ihr nachschlagen wollt.

■ Falls nötig, verbessert die Wörter in eurem Text.

■ Legt euch zu den verbesserten Wörtern Wortkärtchen an oder übertragt sie in eure Wörterhefte.

> **wachsen,** er wächst, er wuchs

Mit dem Wörterbuch Texte überarbeiten

Die Rechtschreibung von Substantiven überarbeiten

- Du kannst alleine oder mit einem Partner zusammenarbeiten.

- Sucht euch einen selbst verfassten Text oder ein Diktat.

- Unterstreicht alle Substantive, die ihr nachschlagen möchtet. Setzt Punkte unter die Wörter, bei denen ihr euch nicht sicher seid, ob es Substantive sind.

- Falls nötig, verbessert die Wörter im Text.

- Legt euch zu den verbesserten Wörtern Wortkärtchen an oder übertragt sie in eure Wörterhefte.

Substantive findest du immer in der Einzahl als fett gedrucktes Hauptstichwort:
z. B. **Traum**

Die Mehrzahlform „Träume" findest du dann als Nebenstichwort.

der **Traum,** die Träume, träumen

Viele Substantive sind aus zwei Wörtern zusammengesetzt:
z. B. Zuckerstückchen → **Zucker** und **Stück**
Schlage solche Wörter getrennt nach.

Mit dem Wörterbuch Texte überarbeiten

Das Wörterbuch als Fundgrube für Adjektive

Dein Schülerwörterbuch ist eine wahre Fundgrube, wenn du deine Texte mit passenden Adjektiven anschaulicher und lebendiger schreiben willst. Legt euch in der Klasse Listen mit Adjektiven an und sammelt sie.

- Du kannst alleine oder mit anderen Kindern zusammenarbeiten.

- Entscheidet euch für einen Buchstaben und sucht dazu möglichst viele Adjektive.

- Sammelt die gefundenen Adjektive auf einer Liste. Sprecht dabei über die Bedeutung der Wörter.

- Wenn ihr fertig seid, schreibt eure Ergebnisse sorgfältig auf ein vorbereitetes stabiles Papier.

- Bewahrt diese Listen für jedes Kind zugänglich im Klassenzimmer auf.

> **r**
> radikal
> raffiniert
> ranzig
> rar
> rasch
> rau
> …

Mit dem Wörterbuch Texte überarbeiten

Wortfelder bringen dich auf Ideen

Wortfelder können dir helfen, abwechslungsreicher zu schreiben und dich treffender und anschaulicher auszudrücken.

■ Verschaffe dir in deinem Wörterbuch einen Überblick, welche Wortfelder vorhanden sind.

■ Du kannst nun auf zwei Arten arbeiten:

<table>
<tr>
<td>

■ Markiere in deinem Text Wörter oder Stellen, mit denen du noch nicht zufrieden bist.

■ Suche dafür nun Ersatz im passenden Wortfeld des Wörterbuches.

</td>
<td>

■ Lies dir die aufgeführten Wörter zu einem oder mehreren Wortfeldern leise vor.

■ Entdeckst du Wörter, die dir gefallen und die in deine Geschichte passen?

■ Baue sie geschickt in deinen Text ein.

</td>
</tr>
</table>

■ Bei deiner nächsten Geschichte kannst du das Wörterbuch gleich von Anfang an verwenden. Vielleicht passen die Wörter aus den Wortfeldern gut in deinen Text.

Kunst mit dem Wörterbuch

Wie im Fluge durch das Wörterbuch

■ Über diese Stationen kannst du im Wörterbuch
den Eintrag „Start, starten" erreichen.
s – Saal
st – Start
sta – Start
star – Star
start – Start, starten

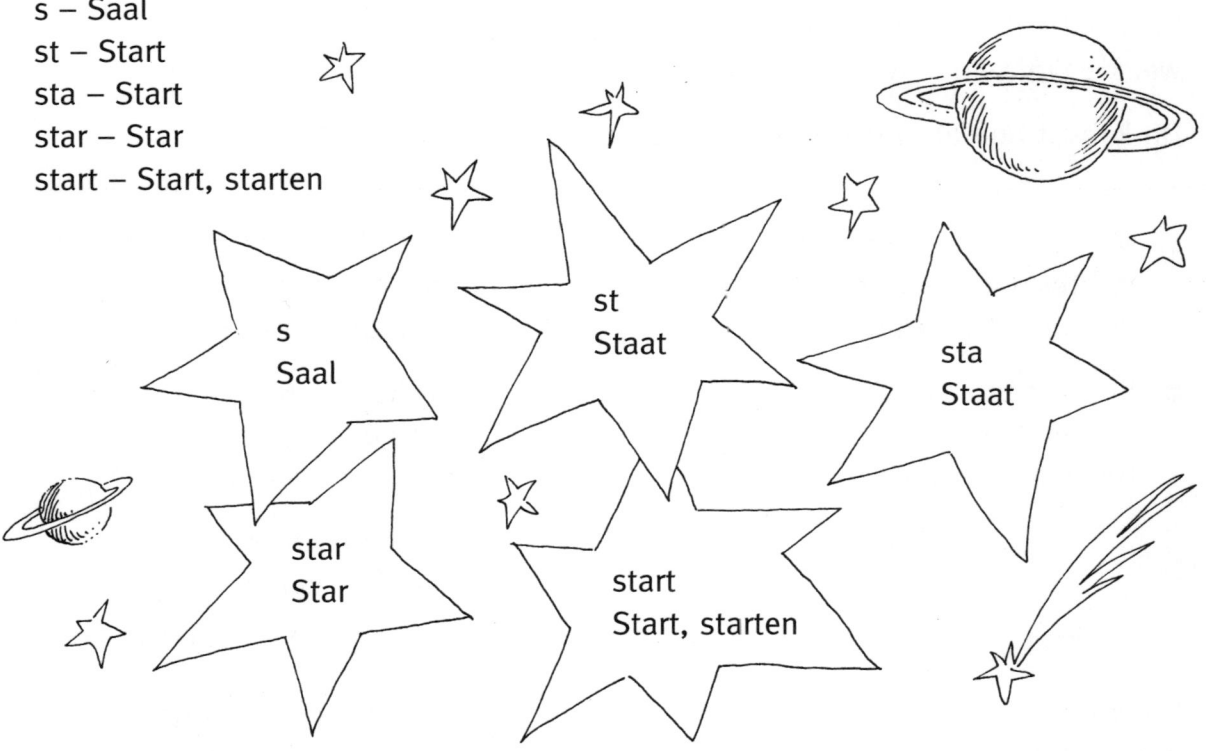

s
Saal

st
Staat

sta
Staat

star
Star

start
Start, starten

■ Stelle selbst ähnliche „Flugbilder" her. Du kannst dabei Wörter auswählen,
die du wichtig findest und die dir gefallen.

■ Vielleicht hast du noch ganz andere Ideen, wie du den Weg durch das Wörterbuch
zu einem bestimmten Wort darstellen kannst.

■ Schreibe auch für andere Wörter die Stationen auf, über die du sie im Wörterbuch
findest!
Beispiel:
   „Weltraum"
   W – Waage
   We – weben
   Wel - ...
   Welt - ...

Kunst mit dem Wörterbuch

Dichterlesung aus dem Wörterbuch

Ihr könnt Einträge aus dem Wörterbuch beleben und zu einer „Dichterlesung" einladen.

- Sucht euch eine Spalte im Wörterbuch aus.

- Arbeitet nun an der Lesung:
  - Lasst die Wörter durch besondere Betonungen oder Pausen lebendig werden.
  - Wie soll die Lesung wirken? Lustig, ernst oder langweilig?
  - Probiert aus, ob ihr nur die Hauptstichwörter oder auch die Nebenstichwörter vorlesen wollt.
  - Tragt euch gegenseitig euren Beitrag vor und gebt euch Tipps, damit es noch besser klingt.
  - Richtet euch einen Platz als kleine Bühne ein und plant eine Vorstellung. Entscheidet auch, wen ihr einladen wollt.

Kunst mit dem Wörterbuch

Mini-Geschichten schreiben

In vielen Schülerwörterbüchern findest du Wortsammlungen zu verschiedenen Themen. Sie helfen dir, deinen eigenen Wortschatz zu erweitern und dich treffender und anschaulicher auszudrücken.

- Suche dir ein anderes Kind, das Lust hat, mit dir eine witzige, gruselige oder spannende Mini-Geschichte zu schreiben.

- Findet heraus, zu welchen Themen es in eurem Schulwörterbuch Wortsammlungen gibt, und entscheidet euch für eine.

- Lest die Sammlung durch und pickt euch drei Wörter heraus, die ihr für eine Geschichte gut gebrauchen könnt.

- Nehmt euch nun 5 Minuten Zeit und schreibt – jeder für sich – mit diesen Wörtern eine Mini-Geschichte.

- Seid ihr schon gespannt auf die Geschichte des anderen Kindes? Lest euch die Geschichten gegenseitig vor.

- Vielleicht wollt ihr sie auch noch in der Klasse vorlesen oder aufhängen?

- Natürlich könnt ihr die Geschichten auch zu zweit schreiben und sie dann einem anderen „Autorenteam", das die gleichen Wörter hatte, vorlesen.

Licht (vergleiche auch: Elektrizität)

Feuer, Flamme, Funke

Dunkelheit, Dunkel, Dämmerung, Finsternis, Sonnenfinsternis, Mondfinsternis, Schatten, Halbschatten, Kernschatten, Schlagschatten, Schattenriss

Spiegel, Spiegelbild, Reflexion, Hohlspiegel

brennen, flammen, leuchten, schimmern, scheinen, strahlen, belichten, funkeln, leuchten, durchleuchten, reflektieren, Licht anmachen, anknipsen, löschen

strahlendes, blendendes, fahles, gedämpftes, trübes, weißes, farbiges, schwaches, starkes, kaltes, warmes Licht

---

Wiese, Feld (vergleiche auch: Wald)

Bauer, Bäuerin, Landwirt, Gutsbesitzer, Pächter, Verwalter

Traktor, Pflug, Egge, Miststreuer, Sämaschine, Mähmaschine, Mähdrescher, Roder, Sense, Sichel, Dreschmaschine, Dreschflegel

ackern, anpflanzen, das Feld bestellen, anbauen, bebauen, bewirtschaften, düngen, pflügen, eggen, säen, pflanzen, jäten, graben, gießen, ernten, mähen, pflücken, schneiden

ertragreich, fruchtbar, ergiebig, brach, dürr, kahl, karg, unergiebig, unfruchtbar

---